ビジュアル版

中国古典の知恵に学ぶ

菜根譚

洪自誠

訳

祐木亜子

写真

山口昌弘

Discover

はじめに

『菜根譚』はおよそ四百年ほど前に、中国・明代の学者、洪自誠によって書かれた処世訓です。日本には江戸時代末期に伝わり、これまで非常に多くの人から愛読されてきました。中国よりも日本でよく読まれていると言われるほどです。特に経営者や政治家、文化人に座右の書としている人たちが多く、東急グループの創業者・五島慶太、元首相・田中角栄、小説家・吉川英治、元巨人軍監督・川上哲治など、錚々《そうそう》たる顔ぶれが愛読者だったと知られています。

『菜根譚』は、人生にとって重要な原則を的確にあらわしていると高く評価されていますが、それには、十分な理由があります。著者の洪自誠は、儒教・仏教・道教という、中国はじめ東洋全体に影響を与えた三大思想について学び、それぞれの足りない部分を他から補うようにして、この本を書いたのでした。

儒教は自らを厳しく律して学ぶことを説き、道教は反対に自由にのんびりと生きることを勧めます。この二つが現実的な知恵であるのに対し、仏教は宇宙の真理を語り悟りの境地を教えます。『菜根譚』にはそれらすべての要素が含まれていますので、読者のあらゆる悩みや問いに答えを与えることができるわけです。

あるページでは苦しみに耐えて努力すべきであると言い、あるページでは心にゆとりを持ち楽に生きることを勧め、あるページでは現実は幻でありすべてを超越して生きるのがよいと語るこの本は、さまざまな状況や心理の間を揺れ動く私たち人間に対して、常に何らかの答えを示してくれる非常に融通が利く書であるとともに、極端に走らずバランスをとって生きることの大切さを教えてもくれているのです。

『菜根譚』という書名は明代よりさらにさかのぼる宋代の学者の言葉「人よく菜根を咬みえば、すなわち百事なすべし」（堅い菜根をかみしめるように、苦しい境遇に耐えることができれば、人は多くのことを成し遂げることができる）という言葉に由来します。かみしめて味わうべき人生訓の書という意味が込められています。

本書は、原典三百数十項目の中から現代に生きる私たちに適していると思われる項目を選び出し翻訳したものに写真を組み合わせたビジュアル版です。「ありのままに」生きることを提唱する内容にふさわしい、さまざまな自然の風景をお楽しみください。

ディスカヴァー編集部

平穏無事に暮らす幸せを知る

幸せとは何だろうか。それは、何の騒動もなく日々平穏無事に暮らせることである。それに対し、あれこれと思いわずらうことが多く、常に満足できない状態ほど不幸なことはない。

ただ、人間というものは、自分がいろいろなことに首をつっこみ苦労して初めて、何事もなく心穏やかに暮らせることの幸せに気づく。また、心静かに暮らすことを心がけて初めて、さまざまに思い悩み、欲望に踊らされて生きていることの不幸に気づくのである。

満たされた生活の中に不幸があることを知る

人はとかく、地位や名誉がある人は幸せだと思っているが、そうとは限らない。

実は、名も知られず、地位もない普通の人の生活の中に最高の幸せがある。

人は、住む家もなく日々の食べ物にも事欠く生活が不幸だということは知っているが、満たされた生活の中で生まれる不安や悩みのほうが、もっと深刻だという事実に気づかない。

楽しい気持ちで暮らす

幸せになりたいと願って幸せになれるものではない。

大切なのは、常に楽しみ喜ぶ気持ちを持って暮らすことである。これこそが幸福を呼び込む秘訣だ。

不幸は避けたいと思っていても避けられるものではない。

大切なのは、イライラして人にあたったり、暴言を吐いたりせず、常に人に思いやりの心を持って接することだ。これが不幸を避ける秘訣だ。

真の幸福をめざす

苦しんだり楽しんだりしながら自分を磨いて、その結果得られた幸福は本物だ。
疑ったり信じたりしながら考え抜いて、その結果得られた知識は本物だ。

満ち足りることを知る

欲にとらわれているものは、金をもらっても、宝石をもらえなかったことに不満を抱き、高い地位を与えられても、その上のより高い地位を与えられなかったことに恨みを抱く。こういう人は、高い地位についたとしても、自ら乞食に成り下がっているようなものだ。

分をわきまえ、満足することを知っている人は、どんなに粗末な食事でもおいしいと言い、どんなに粗末な服を着ていてもあたたかいと言う。こういう人は、地位も財産もない貧しい庶民であっても、心は王侯よりも豊かである。

喜びも悲しみも忘れ去る

子どもが生まれるとき、母親の生命は危険にさらされる。金持ちになると、泥棒に財産を狙われる。どんな喜びや幸せも、悲しみや不幸の原因にならないものはない。

貧乏であれば、できるだけむだ遣いはしないし、病気がちな体であれば、健康に気を遣い、体を大事にする。どんな悲しみや不幸も喜びや幸せの種にならないものはない。

幸せも不幸も同じことと見なし、喜びも悲しみも忘れ去る。人生の達人は、こうした生き方ができる人のことである。

自然の美しさに目を向ける

名誉や金もうけばかり考えている人は、とかく「世間は汚い、世の中は頭を悩まし苦しませることだらけだ」とぼやく。しかしそれは、彼らが目先の損得にとらわれるあまり、自然の美しさに目を向けないからだ。

雲は白く、山は青く、川はさらさらと流れ、岩はそそり立っている。野には美しい花が咲き乱れ、鳥はさえずり、谷にはこだまし、木こりが歌っている。世の中には、こんな美しい世界もあるのだ。

この世は汚れてもいないし、苦しいことばかりが起きるわけではない。そうさせているのは、自分自身の心である。

真にすぐれた人を見抜く

濃い酒や脂の乗った肉、極めて辛いものや甘いものなどは本物の味ではない。本物の味というのは、驚くほどあっさりとしているものだ。

同様に、人間も人並みはずれた素晴らしい才能の持ち主が、その道を極めた達人とは必ずしも言えない。達人とは、実はごく普通の人なのである。

清濁合わせ飲む

汚い肥やしをまいた畑には作物がよく育つ。きれいすぎる水には魚は棲まない。これは人間でも同じで、あまりに潔癖すぎるとかえって人に親しまれない。清濁合わせ飲む度量の大きさが必要なのだ。

逆境にあって自分を磨く

人間は、逆境に置かれているときほど、なんとかこの境遇から抜け出したいと一心不乱に自分を磨き鍛えるため、人間的に大きく成長できる。ただ、当の本人が気づかないだけだ。

逆に、何もかもうまくいっているときほど、人はその境遇に安心しきって、努力や鍛錬を怠ってしまうため、成長が止まってしまう。ただ、当の本人が気づかないだけだ。

話す内容にとらわれず人を判断する

都会を離れた田舎暮らしの楽しみを、喜々として他人に語る人は、まだ本当に風流な暮らしのよさを知らない。

また、名声や金もうけの話を聞くことをあからさまに嫌がる人は、まだ名声や利益への欲が残っている。

人に譲る

狭い小道では、一歩よけて人に道を譲ってあげよう。人と争ってわれ先に進もうとすれば、道はますます狭くなる。同様に、おいしい物を食べるときには、進んで相手に分けてあげよう。

このような心がけが、この世の中をうまく生きていくための秘訣なのである。

言葉で人を救う

生活にゆとりがなく、お金や物を与えることができなくとも、言葉で人を救うことはできる。

悩んでいる人や困っている人に出会ったら、一言、優しい言葉をかけるだけで、彼らを悩みや苦しみから救うことができるのだ。これもまた大きな善行である。

名誉を独り占めしない

名誉は、独り占めしてはならない。自分に協力し支えてくれた人たちにも分け与えるべきだ。そうすれば、他人から恨みやねたみを買うこともない。

逆に、汚名をすべて他人にかぶせてはならない。その一部でも自分が引き受けるようにすることで、自らの人格を磨き高めることができる。

あたたかい家庭を築く

家庭に、嘘偽りがなく和気あいあいとした雰囲気があり、家族がいつも笑顔でなごやかに語り合うことができれば、家族の間に壁もできず、お互い心が通じ合う関係を築くことができる。

こうした心安まるあたたかい家庭を築くことは、気功をしたり座禅を組んだりするよりはるかに素晴らしい効果を心身にもたらす。

つまらない人物を憎まず、立派な人物に媚びない

つまらない人間に対して、その短所や欠点をあげつらい厳しく接するのは簡単なことだが、憎まないということは難しい。

立派な人物に対して、その長所や美点に尊敬の念を表し、へりくだった態度で接するのは簡単だが、卑屈にならずに礼を尽くすのは難しい。

嫌われることを恐れない

世の中をうまく生きていくためには、つまらない人間に迎合したり、世の中の悪習に染まってしまうのはいけないが、といって、世間とまったく接点を持たないというのも行き過ぎでよくない。

経営者として事業をうまくやっていくためには、部下たちから嫌われてもいけないが、といって、喜んでもらうことばかり考えているのもよくない。

感謝を求めない

人に何かしてあげる場合に、それに対して感謝を求めたり、恩返しを期待したりしてはならない。ただ純粋な善意で行う施しであれば、それは莫大な価値を生む。しかし、人に何かしてあげることによって、自分の利益を図ったり、見返りを期待するのであれば、本来なら大いに価値のあることだとしても、一文の値打ちもなくなる。

周囲の人の元気を失わせない

短気で気性の荒い人は、火が燃え盛るように、まわりの人をおびえさせてしまう。また、人情味のない人は、氷のように、まわりの人を寒々しい気持ちにさせてしまう。そして、頑固で融通のきかない人は、たまり水や腐った木のように、まわりの人の活力を奪ってしまう。このような人たちは、幸せや成功を手にすることができない。

人の弱点を責めない

他人の欠点や短所を見つけても、それが目立たないように、できるだけ上手にカバーしてやったほうがいい。短所を直してやろうとムキになって叱ってしまうのは、逆効果である。

また、頑固な人に対しては、辛抱強く、やんわりと諭してやったほうがよい。こちらが相手の頑固さに腹を立ててしまうと、さらに意固地になり殻に閉じこもるだけだから。

人を信じる

他人を信じることができる人間は、たとえ不誠実な人間にだまされても、自分の誠実さを貫いたことになる。

他人を疑ってかかる人間は、相手が不誠実な人とは限らないのに、最初から相手をだましたようなものである。

人の苦しみを見過ごさない

他人の過ちについては、寛大な気持ちで許すよう心がけたい。しかし、自分の過ちについては、厳しい目を向けるべきである。

自分の苦しみは耐え忍ばなければならない。しかし、他人の苦しみを見過ごしてはならない。

恵まれているときこそ、思いやりを忘れない

社会的な地位もあり、金銭的にも恵まれた何不自由ない暮らしをしているときこそ、地位も財産もない貧しい人たちの苦しみを理解してやらなければならない。肉体的に若くて元気なときこそ、年老いて体力も衰えた人のつらさを思いやらなければならない。

求めない

功名を立てようと、あくせく動き回らなくてもよい。大きな過ちや失敗を犯すことなく過ごすことができれば、それが何よりの功名である。

また、対人関係においては、他人に何か与えたからといって、その恩返しを期待したり、感謝するよう求めたりしてはいけない。人から恨まれずに過ごすことができれば、それが何よりありがたいことなのだ。

繊細すぎない、大らかすぎない

繊細な性格の持ち主は、自分のことも大切にするが、他人への配慮も厚く、何事につけても親切すぎるほどである。

一方で、大らかな性格の人は、自分のことはもちろん、他人に対してもこだわらず、あっさりしている。

繊細すぎてもいけないが、大らかすぎてもよくない。

無事なときには心を引き締め、有事の際にはゆとりを持つ

物事がうまくいって無事なときほど、決して気持ちをゆるめることなく、有事に備えておかなければならない。

また、何か事が起こって忙しいときほど、気持ちにゆとりを持って対処するように心がけなければならない。

与えた恩は忘れ、受けた恩は忘れない

人に与えた恩は忘れてしまうのがよい。しかし、かけた迷惑を忘れてはならない。
人から受けた恩は忘れてはならない。しかし、受けた恨みは忘れてしまうべきだ。

自分に厳しくしすぎない

学ぼうと思う人は、自らを厳しく律する必要があるが、一方では、物事にこだわらないさっぱりとした心持ちも必要だ。

あまりに自分に厳しくするばかりならば、心にゆとりがなくなり、まわりの人も息が詰まってしまう。これでは、結果的に何もいいものは生まれない。

怒りを表さない

誰かにだまされたと気づいても、気づかぬふりをしている。また、他人が自分のことをバカにしたり見下した態度をとったりしても、顔色ひとつ変えず平然としている。

こうした態度に人としての度量の大きさが表れるし、かえってその効果は大きい。

無理に心を変えようとしない

水は波がなければ穏やかであり、鏡も曇りさえなければ自然と輝いている。これは人の心も同じで、本来は清らかなのだから、無理に清くする必要はない。濁らすものを取り除けば、自然と清くなる。

また、楽しみも無理に探さなくてもよい。心の中の苦しみを取り除けば、自然と楽しい気持ちになってくるものだ。

夢中になりすぎない

都会の喧噪から離れた山林は、俗世間から離れひっそりと住むには最適な場所であるが、ひとたび住まいの造りや内装にこだわってしまうと、賑やかな町中に住むのと、何ら変わらなくなってしまう。

また、書や絵画を鑑賞することは、優雅で高尚な趣味であるが、ひとたび夢中になって書画を買いあさってしまえば、それは商売人とまったく変わらなくなってしまう。

つまり、心が何ものにもとらわれなければ、俗世間もそのまま理想郷となるが、逆に心が何かに執着してしまえば、楽しみも一転して苦しみに変わってしまうということだ。

後悔しないかどうか考えて行動を決める

満腹になったあとは、食べ物の味わいの微妙な違いなどがわからなくなる。性交のあとでは、異性を求める情欲はすっかりなくなってしまっている。

したがって、その物事の終わったあとに後悔しないかどうか考えて、それを行うかどうか決めれば、行動に間違いがなくなるだろう。

バランスのとれた働き方をする

さまざまな努力や工夫をしながら熱心に仕事に取り組むことは、それ自体素晴らしいことである。しかし、度を超えて頑張りすぎると、楽しくなくなってしまう。

これに対し、あくせくせず、淡々と仕事をこなすのも素晴らしいことである。

しかし、こちらも度が過ぎると、世のため人のために役立つことができない。

人目につかない所でこそ過ちを犯さない

肝臓が病気になってしまうと目が見えなくなり、腎臓が病気になると、耳が聞こえなくなるとされる。このように、病気というのは、人の目につかない体の内部で発症し、やがてその症状が表に出てくるものだ。

同様に、誰も見ていないからといって、人として誤った言動をすると、やがてはそれが露見し、批判にさらされることになる。だから、人目につかない所でこそ、過ちを犯さないように心がけなければならない。

暇なときでもぼんやり過ごさない

仕事が暇なときでも、ただぼんやりと過ごすのではなく、仕事の改善点などを考えていれば、突然仕事が忙しくなったときに、考えていたことが役に立つ。

休みのときでも、だらだらと過ごすのではなく、何か学ぶようにすれば、事が起こったときに、身につけたことが役に立つ。

また、人目につかないところでも、道徳に反しない行動をしていれば、人前に出たときにそれが役に立つ。

楽しいことはほどほどにしておく

おいしい食べ物でも、食べすぎると、胃腸を痛め、結果的には体を壊してしまう。ほどほどにしておけば、健康を損なうこともない。

また、遊びや楽しみは、夢中になりすぎると身を誤ることになる。ほどほどにしておけば、後悔することもない。

人格を磨きつつ事業を行う

事業を発展させるための基礎になるのは、その人間の人柄である。基礎がしっかりできていない建物が頑丈で長持ちすることはないように、人徳のない者が興した事業が成功し、発展を遂げた例はない。

また、子孫を繁栄させるための根本となるのは、その人間の志である。大地にしっかりと根を張っていない樹木が、枝葉をつけ成長することがないように、しっかりとした信念や志のない人の子孫が、まともな生き方をしたためしはない。

成果が見えなくても続ける

よいことをしても、その成果が見えないことがある。だからといってやめてしまってはいけない。たとえ今は目に見える形で成果が出ていなくても、草むらに隠れ知らぬ間に実を結ぶ瓜のように、気づかないところできちんと実を結んでいるはずだ。

逆に、悪いことをしても、それで得た利益や成果を没収されずにすむことがある。しかし、悪行で得たものというのは、春先に庭に積もった雪のように、たちまち消えてしまうものだ。

やめるべきことはすぐやめる

何かをやめようと思ったときには、思い立ったそのときに、すっぱりとやめるべきだ。思い悩んだり、いずれそのうちになどと考えていたら、タイミングを逃してしまい、いつまでたってもやめることができない。

昔の人も、「やめようと思ったら、今すぐやめてしまえ。時機を見てからと迷っていたら、一生やめることができない」と言っているが、まさに卓見である。

時間をむだにしない

天地は永遠のものであるが、人生は一度きりである。人の一生は長いようだが、せいぜい百年ほどで、あっという間に過ぎてしまうものだ。

だからこそ、幸いこの世に生まれてきたからには、人生を思いきり楽しむと同時に、むだに過ごすことがないよう、常に心しておかなければならない。

目の前のことを淡々と片づける

現代人は、何ものにもとらわれない無心な生き方をしたいと願っているが、「求めない」と強く思えば思うほど、かえって雑念が生じ、いつまでたっても無心の心持ちになれない。それは「求めない気持ちを求めている」からだ。

ではどうすればよいのか。

大切なのは、過去の出来事にとらわれず、未来のことをあれこれ思い悩まない、そして今目の前で起きていることを淡々と片づけていくことだ。このような生き方を心がけていれば、自然と無心の境地に入っていくことができよう。

小さなことにも手を抜かない

本当に立派な人物とはどのような人物か。

一、小さなことにも手を抜かない。
二、人が見ていようがいまいが、悪いことをしない。
三、失意のどん底でも決して投げやりにならない。

この三つが守れる人のことだ。

うまくいかないときは力を蓄える

長い間羽を休め、力を蓄えていた鳥は、いったん大空に飛び出せば、必ず他の鳥よりも高く舞い上がる。また、他の花よりも早く開いたものは、散るのもまた早い。

人間も同様である。なかなか仕事が成功しない、昇進しないと言って嘆くことはない。そのときに、しっかりと力を蓄えておけば、やがてうまくいく。

この道理がわかっていれば、人生の途中で投げやりになることもなければ、焦って成功を求めることもない。

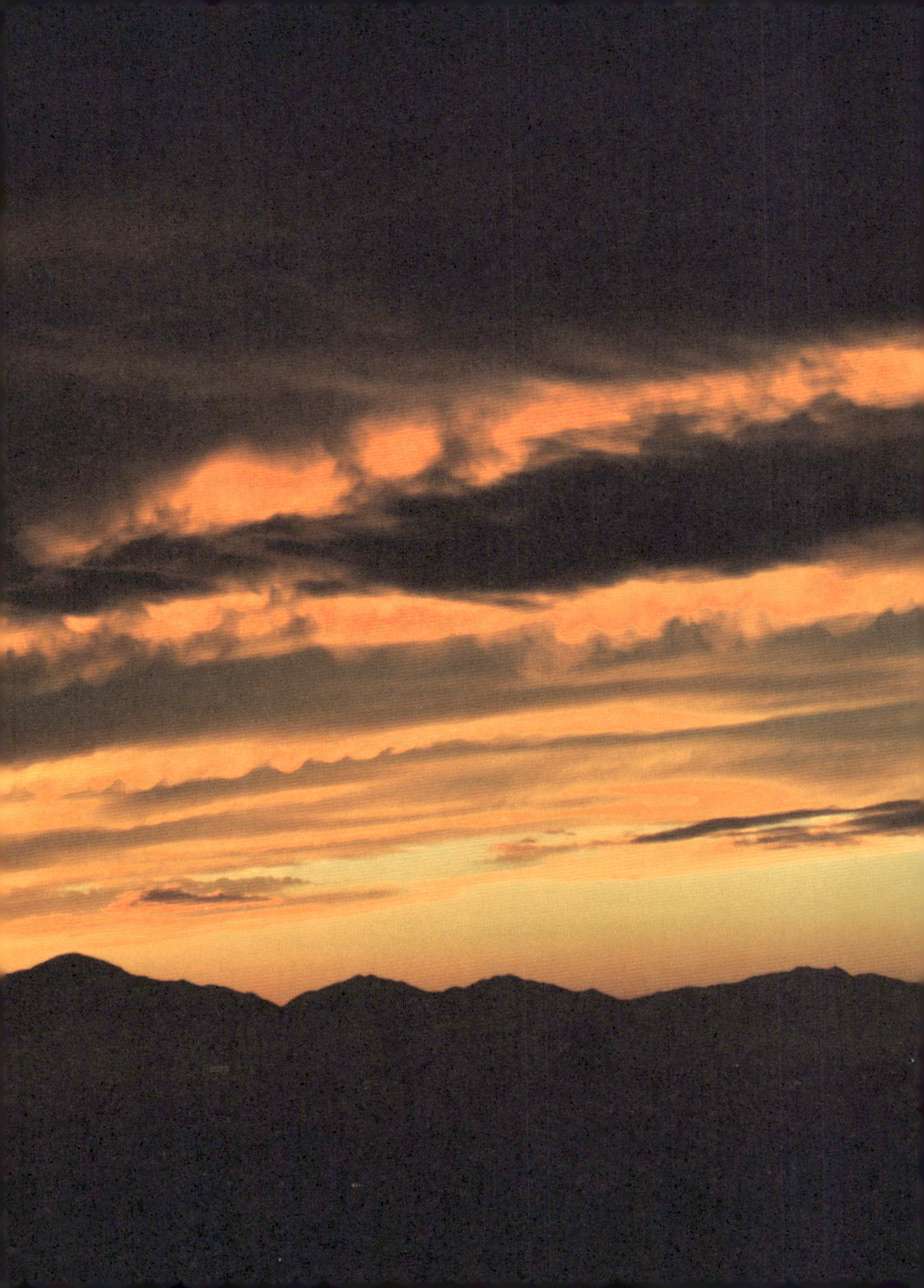

穏やかな気持ちでいる

嵐の日には、鳥までも恐ろしさに震えているが、穏やかな天候に恵まれた日には、草木までも楽しげで喜びにあふれているようだ。このことからもわかるが、自然界にあたたかい陽気が必要なように、人の心にも穏やかで優しい気持ちが欠かせないのである。

あたたかい心を持つ

気候が温暖な春には、植物も芽を出しすくすくと育つが、寒い冬にはたちどころに枯れてしまう。

人についても同じことが言える。心のあたたかい人には、天からの恵みも豊かで、末永く幸せに暮らせるが、心の冷たい人には、天から受ける恵みも少なく、幸せも薄い。

どうにもならないことを悩まない

まだ何も結果が出ていない仕事の先行きについて、あれこれ悩むよりも、すでに軌道に乗っている仕事をどう進めるかを考えるべきだ。

また、過去の失敗についてくよくよ悩むよりは、同じ失敗を繰り返さないためにはどうしたらよいのか、前向きに考えるべきである。

包容力を持つ

この世の中でうまく生きていくためには、あまりに潔癖すぎてはいけない。世の中には汚いものやけがれたものがたくさんあるが、それらをすべて受け入れるだけの度量が必要だ。

人とのつき合いにおいても、好悪《こうお》の感情で割り切りすぎるのはよくない。世の中には、善人や悪人、賢人や愚人などさまざまな人がいるが、そうした人たちを皆受け入れるだけの包容力が必要だ。

叱られることを喜ぶ

つまらない人間からは、むしろ嫌われたほうがよい。彼らにこびへつらわれるより、よっぽどましだ。

人格者からは、むしろ厳しく叱られたほうがよい。見放されて何も言われなくなるより、よっぽどましだ。

物事にとらわれない

事業を成功させ、大きな功績をあげる人は、たいてい、物事にとらわれない性格の持ち主である。

反対に、事業に失敗し、チャンスを失ってしまうような人は、例外なく強情で物事にこだわる性格の持ち主である。

心を落ち着ける

心が動揺しているときには、杯に弓の影が映るのを見て、蛇かと驚き、草むらに横たわる大岩を見て、伏した虎と見間違う。それは、自分の目に映るものすべてが自分を攻撃してくるように錯覚するからだ。

これに反して、心が穏やかなときには、残忍な人間もカモメのようにおとなしくさせ、騒々しいカエルの鳴き声も美しい音楽のように聞くことができる。つまり、心が落ち着いていれば、すべてのものを、ありのままにとらえることができるということだ。

ときには俗世間から離れて心を洗い流す

高い山に登ると、心が広々とのびやかになる。また清らかな川の流れを見ていると、次第に心が洗われてきて、日々の喧噪を忘れてしまう。雨や雪の夜に本を読むと、気持ちがすがすがしくなっていく。また、小高い丘の上で詩を口ずさめば、ひとりでにわくわくと楽しい気分になってくる。ときには、俗世間のことを忘れて、心を洗い流すことも大切だ。

自分の心と向き合う

深夜、人が寝静まったとき、ひとりになって自分の心と向き合ってみよう。すると、さまざまな煩悩が消えて、清らかな本当の心が見えてくる。そのとき、心はのびのびと自由に働くようになる。

そのように本当の心が現れても、煩悩から逃れられないと悟ることができれば、そのとき、真に自らを反省することができるのだ。

現実は幻だと知る

今生きている現実が仮の世界だと知ることである。つまり、人が求める名誉や功績、財産はもちろん、自分の肉体さえも幻のものだと自覚することだ。

そうすれば、目の前のもうけ話や功名にあくせくすることなく、心穏やかに暮らしていける。

世間の評判を鵜呑みにせず、自分で確認する

他人の悪い評判を聞いても、すぐにその人を悪と決めつけたりしてはいけない。評判が、その人を陥れるための策略であるのか、事実なのかを自分の目で確かめてから判断すること。

同様に、他人のよい評判を聞いても、それをすぐ信じて親しくつき合ったりしてはいけない。その噂が、心の曲がった人間が自分をよく見せようとしてたくらんだことなのか、事実なのかを確認してから判断すること。

立場を変えて物事を見てみる

冷静になってから、熱狂していた当時のことを振り返ってみると、いっときの情熱に振り回されて動き回っていたことがむだだったと気づく。

また、心の休まる暇もないくらい多忙な状態が一段落し、少し自分の静かな時間を持つことができると、そこで初めて心静かにゆとりを持って生活することのよさを実感できる。

気持ちをゆったりとさせる

時間を長いと思ったり短いと思ったりするのは、その人の考え方によるものだ。また、世間を広いと感じたり、狭いと感じたりするのも、その人の気持ちの持ち方次第である。

したがって、心がゆったりとして穏やかな人には、たったの一日でも千年のような長さに感じられるし、心の広い人は、狭い部屋でも宇宙のような広さを感じることができる。

俗世間を生きる中に真理を発見する

黄金は鉱石を精錬しなければ手にすることができず、宝石も原石を加工しなければ手にすることができない。同様に真理も、幻であるこの世の中で生きていくことで、見えてくるものだ。

風流を感じる心にしてもそうだ。酒を酌み交わしながら議論をする中で、物事を悟ることができるということから考えてもわかるが、風流を感じる心もまた、この俗な世の中を生きていく中でしか得られないものなのである。

無心の境地を楽しむ

試しに、自分が生まれる前はどのような姿をしていたのか、また自分が死んでしまったあとは、どのような姿になるのか考えてみるといい。

名誉や地位、財産や功績にこだわる心はすべて跡形もなく消え、残るのは自分本来の精神だけである。そのように考えることができれば、現実や世俗を離れた無心の境地を楽しむことができる。

人徳を磨く

人徳によって得られた財産や名誉は、ひとりでに枝葉が生い茂る野の花のように、大きくなり続ける。

事業の功績によって得られた財産や名誉は、移し替えられたり捨てられたりする鉢植えの花のように、どうなるか不安定だ。

権力によって得られた財産や名誉は、数日で枯れてしまう花瓶の花のように、かりそめのものにすぎない。

無欲に生きる

人間は欲の皮が突っ張るとどうなるのか。強い意志や信念は崩れ、理性は働かなくなる。そして人柄も冷たく残酷になり、潔白な心も悪に染まって汚れてしまう。人としての品格は地に落ちる。

だからこそ、昔のすぐれた人格者たちは、無欲であることがいちばん大切だと言って、俗世間を超越して生きたのだ。

飾らずに生きる

完成度の高い文章とは、奇抜で凝った表現をしているわけではない。ただ、言わんとすることが一読してすっと心に入ってくるような表現をしているだけである。

人格的に素晴らしい人というのは、普通の人と比べて特に変わったところがあるわけではない。ただ、自分を飾らず、ありのまま生きているだけである。

平凡に生きる

人を陥れるような策略や奇妙な慣習、変わった行動や並はずれた能力というものは、この世を生きていくうえで、わざわいの元となる。

本来、人間に備わっているごく平凡な人間性と平凡な行動によって、十分に、穏やかで満ち足りた生活を送ることができるのだ。

野にあって自由に生きる

花は植木鉢に植えると、だんだん生気を失い、鳥は鳥かごに入れると、次第に野生本来のよさを失う。

やはり、山間の大自然の中でこそ、花は存分に咲き乱れ、鳥は自由に飛び回ることができる。このように、それぞれがのびやかに楽しく生きている状態こそ、本来の姿なのだ。

まっとうに生きる

人として恥じることのない、まっとうな生き方を貫いていると、出世の道からはずされてしまったり、不遇な生活を送るはめになったりすることもあるだろう。

一方で、権力者にこびへつらったりするような生き方をしている者は、優遇され得意満面な生活を送ることができるかもしれない。だがそれは一時的なものであって、決して長続きしない。

だからこそ人間は、たとえしばらくの間、不遇で孤独な生活を送ることになっても、まっとうな生き方をすることが大切なのだ。

苦言や逆境を進んで受け入れる

耳に痛い忠告や小言を常に聞き、心の中に思い通りにならない物事が常にあってこそ、自分を磨き、大きく成長できるのだ。

これに対し、お世辞やほめ言葉ばかり聞き、思い通りになることばかりだったら、人生を毒の中に沈めてしまうようなものだ。

激務についても悠々と生きる

社会的に高い地位にあるときは、体を休める暇もないくらい仕事が忙しいものである。しかし、こうしたときこそ、その地位やつき合いに縛られるのではなく、心身ともに休まる環境に身を置くことが大切である。

一方で、隠遁《いんとん》して自然の中でのんびりと生活している人は、つい現実の社会から縁遠くなり、世間知らずになってしまいがちだ。だからこそ、田舎暮らしをしていても、常に社会情勢に目を向け、自分なりの見識を持つことが大切だ。

粘り強く努力を続ける

のこぎりでなく縄を使っても、長い時間をかけて木をこすれば、のこぎりと同じように木を切ることができる。雨だれでも、長い時間同じところに落ちれば、石に穴をうがつ。人としての正しい道を学びたいと思えば、このように粘り強く努力を続けなければならない。

また、水が流れれば、そこに自然と溝ができ、瓜が熟すと自然にへたが落ちる。人としての正しい道を極めたいと思えば、このように自然と道が開けてくるのをじっくり待つべきである。

世間とのかかわりを減らす

人生においては、何かを少し減らせば、その分だけ世間とのかかわりから離れることができる。

たとえば、人とのつき合いを減らせば、その分わずらわしさから解放される。また、口数を減らせば、陰口をたたかれることも減る。思案を減らせば、精神的な疲れも軽くなる。利口ぶるのを抑えれば、自分本来の心を取り戻すことができる。

減らすことを考えずに増やすことばかり考えている人は、自分の人生を世間のしがらみでがんじがらめにしているようなものだ。

晩年こそ気力をふるい立たせる

太陽が地平線に沈んだあとでも、空は夕焼けで美しく輝く。また、年の瀬が迫るような寒い時期でも、柑橘類の木は実をつけ、よい香りを漂わせている。

これは人間でも同じだ。晩年になっても、気力を充実させれば、さらなる飛躍を遂げることができるのである。

穏やかな生活を楽しむ

楽しいことがあったかと思えば、すぐにやっかいなことが起きる。また、物事がうまく運んでいたかと思えば、すぐによくないことが生じて、結果的に差し引きゼロになる。とかく人生はそういうものだ。

ただ、ごく普通の食事やありふれた生活の中にこそ、穏やかで楽しい人生の醍醐味が潜んでいるのだ。

ビジュアル版
中国古典の知恵に学ぶ　菜根譚

発行日　2017年5月20日　第1刷

Author　洪自誠
Translator　祐木亜子
Photographer
& Book Designer 山口昌弘

Publication　株式会社ディスカヴァー・トゥエンティワン
〒102-0093　東京都千代田区平河町2-16-1 平河町森タワー11F
TEL　03-3237-8321（代表）FAX　03-3237-8323
http://www.d21.co.jp

Publisher　干場弓子
Editor　藤田浩芳
Marketing Group
Staff　小田孝文　井筒浩　千葉潤子　飯田智樹　佐藤昌幸　谷口奈緒美　西川なつか　古矢薫
原大士　蛯原昇　安永智洋　鍋田匠伴　榊原僚　佐竹祐哉　廣内悠理　梅本翔太　奥田千晶
田中姫菜　橋本莉奈　川島理　渡辺基志　庄司知世　谷中卓　小田木もも
Productive Group
Staff　千葉正幸　原典宏　林秀樹　三谷祐一　石橋和佳　大山聡子　大竹朝子　堀部直人
林拓馬　塔下太朗　松石悠　木下智尋
E-Business Group
Staff　松原史与志　中澤泰宏　中村郁子　伊東佑真　牧野類
Global & Public Relations Group
Staff　郭迪　田中亜紀　杉田彰子　倉田華　鄧佩妍　李瑋玲　イエン・サムハマ
Operations & Accounting Group
Staff　山中麻吏　吉澤道子　小関勝則　池田望　福永友紀
Assistant Staff
俵敬子　町田加奈子　丸山香織　小林里美　井澤徳子　藤井多穂子　藤井かおり　葛目美枝子
伊藤香　常徳すみ　鈴木洋子　内山典子　谷岡美代子　石橋佐知子　伊藤由美　押切芽生

Printing　シナノ印刷株式会社

ISBN978-4-7993-2097-6